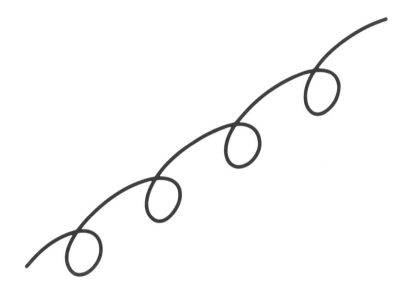

PRINCIPLES FOR SUCCESS

RAY DALIO

성공 원칙

초판 1쇄 발행 2020년 10월 19일

지은이 레이 달리오
옮긴이 고영태

펴낸이 조기흠
편집이사 이홍 / **책임편집** 박단비 / **기획편집** 유소영, 송병규, 정선영, 임지선
마케팅 정재훈, 박태규, 김선영, 홍태형, 배태욱 / **디자인** 문성미 / **제작** 박성우, 김정우

펴낸곳 한빛비즈(주) / **주소** 서울시 서대문구 연희로2길 62 4층
전화 02-325-5506 / **팩스** 02-326-1566
등록 2008년 1월 14일 제 25100-2017-000062호

ISBN 979-11-5784-452-4 12320

이 책에 대한 의견이나 오탈자 및 잘못된 내용에 대한 수정 정보는 한빛비즈(주)의 홈페이지나
이메일(hanbitbiz@hanbit.co.kr)로 알려주십시오. 잘못된 책은 구입하신 서점에서 교환해드립니다.
책값은 뒤표지에 표시되어 있습니다.

⌂ hanbitbiz.com facebook.com/hanbitbiz post.naver.com/hanbit_biz
youtube.com/한빛비즈 instagram.com/hanbitbiz

지금 하지 않으면 할 수 없는 일이 있습니다.
책으로 펴내고 싶은 아이디어나 원고를 메일(hanbitbiz@hanbit.co.kr)로 보내주세요.
한빛비즈는 여러분의 소중한 경험과 지식을 기다리고 있습니다.

PRINCIPLES
FOR SUCCESS

RAY DALIO

성공 원칙

레이 달리오 지음 | 고영태 옮김

한빛비즈
Hanbit Biz, Inc.

나의 손자들과 앞으로 태어날 손자들에게 이 책을 바친다.

또한 이 책은 당신과 이 책이 도움이 된다고 생각하는
다른 모든 사람들을 위한 것이다.

당신은 '인생'이라고 불리는 모험이 가득한 긴 여행을 하고 있다.

아직 마주치지 않은 많은 일들이 당신을 기다리고 있기 때문에
앞으로 어떤 모험이 펼쳐질 것인지 알 수가 없다.

나는 이 여행의 끝자락에 있고 대부분의 일을 성공적으로 해냈다. 나는 당신을 아끼고 사랑하기 때문에 당신의 인생에서 벌어질 수 있는 일들 중 일부를 알려주고, 나에게 도움이 되었으며 당신의 성공에도 도움이 될 수 있다고 믿는 몇 가지 원칙들을 전해주고 싶다.

인생이라는 여정을 헤쳐나가기 위해 당신에게 가장 필요한 것은 훌륭한 원칙이다.

원칙은 당신이 앞으로 마주치게 될 현실에 성공적으로 대응하는 방법이자 성공을 위해 반드시 필요한 처방전과 같다. 성공한 사람들은 모두 그들을 성공으로 이끈 원칙을 가지고 있다.

나는 내 경험을 통해 수백 가지의 원칙을 만들었고, 이것을 다양한 책들을 통해 사람들에게 전하고 있다.

이런 원칙들은 내가 가진 능력보다 내 성공에 더 중요한 역할을 했다. 또한 이미 수백만 명에게 도움이 되었고, 이 책을 읽고 있는 당신에게도 도움이 될 것이 분명하다. 그래서 나는 이 얇은 책을 통해 성공에 반드시 필요한 원칙들을 공유하려고 한다.

부디 당신이 스스로 나의 원칙들을 평가해 보고 자신에게 가장 도움이 되는 '당신만의 원칙'을 찾을 수 있기를 바란다.

먼저 당신을 꼼짝 못 하게 가두는 주변 환경에 좌
우되는 인생을 살고 싶지 않다면 스스로 무엇을
할 것인지 결정하고 그것을 실천에 옮길 용기가
있어야 한다.

I. 무엇을 할 것인지 결정하라

II. 결정을 실천할 용기가 필요하다

13

이것은 가장 중요한 첫 번째 원칙으로 나를 이끌어 주었다.

I. 무엇을 할 것인지 결정하라

II. 결정을 실천할 용기가 필요하다

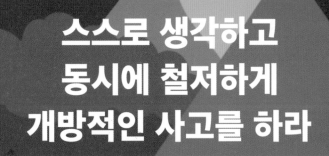

스스로 생각하고
동시에 철저하게
개방적인 사고를 하라

이제 와 돌이켜 보니 시간은 항상 강처럼 자연스럽게 흘러 우리를 현실과 마주치도록 이끌어 주었다. 그리고 우리는 이런 현실에 직면할 때마다 무언가 결정을 내려야 한다.

시간의 강을 따라 흘러가는 일은 멈출 수 없고, 따라서 현실과의 만남을 피할 수도 없다.

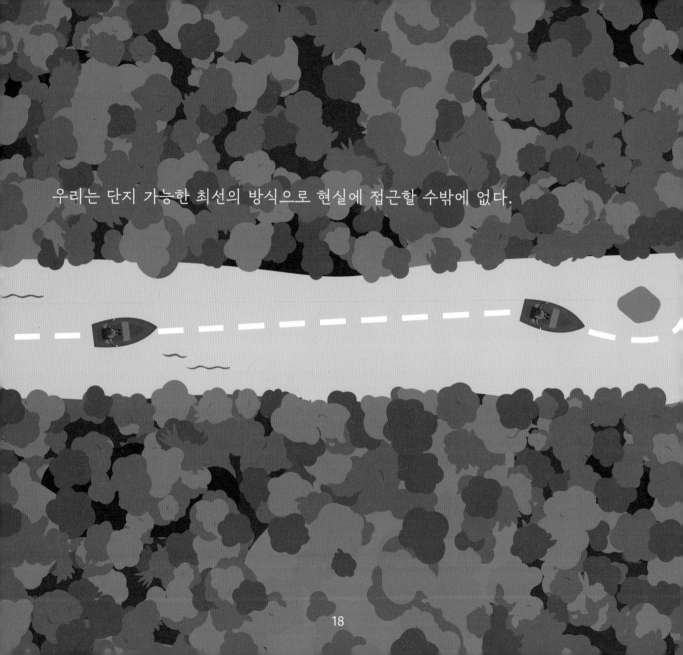

우리는 단지 가능한 최선의 방식으로 현실에 접근할 수밖에 없다.

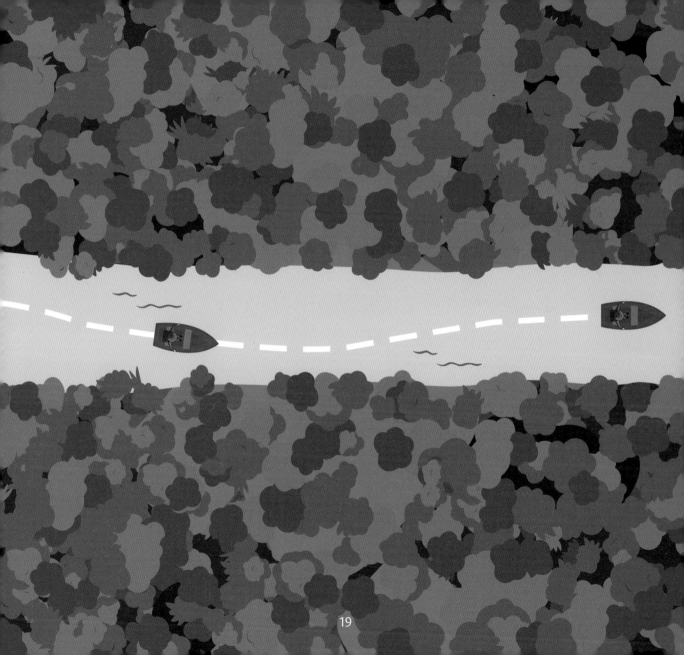

일생 동안 당신은 결정을 내려야만 하는 수많은 현실
에 부딪히게 될 것이다. 그리고 어떤 결정을 내리느냐
가 당신 삶의 질을 결정하게 될 것이다.

좋은 결정은 당신에게 좋은 결과를 선물하고 나쁜 결
정은 당신을 곤란하게 만들거나 손해를 끼칠 것이다.

당신이 현명한 사람이라면 이런 다양한
경험을 통해 현실이 어떤 원리로 움직
이는지 알게 되고, 그런 현실에 현명하
게 대처하는 원칙을 배우게 될 것이다.

나도 처음부터 원칙을 가지고 있지는 않았
다. 주로 실수를 저지르고 실수에 대해 깊이
성찰하는 과정을 통해 평생에 걸쳐 나만의
원칙을 만들었을 뿐이다.

어렸을 때부터 나는 내가 원하는 것들을 쫓아 달렸고,

넘어졌다.

하지만 일어나서 다시 달렸다.

그리고 다시 넘어졌다.

나는 넘어질 때마다 무엇인가를 배웠다.

그리고 더 좋아졌다.

그리고 덜 넘어졌다.

나는 이런 일을 계속 반복하면서 그 과정을 즐기게 됐다. 심지어 넘어지는 것조차 좋아하게 됐다.

나는 잘 해결할 수만 있다면 인생의 갖가지 문제들을 보석 같은 귀중한 보상을 가져오는 퀴즈처럼 생각할 수 있다는 사실도 배우게 됐다.

여기서 문제는 "다음에 이런 상황을 만나면 무엇을 해야 하는가?"였고, 이를 해결하고 내가 받은 귀중한 보상은 미래의 나에게 도움이 될 '원칙'이었다.

이것이 내가 '나만의 원칙'들을 만든 방법이다. 나는 이런 원칙을 적어두고 천천히 하나씩 고쳐나갔다.

분명 당신도 할 수 있다.

이런 과정을 통해
나는 나의 가장 기본적인 원칙을
또 하나 얻게 됐다.

**훌륭한 결정을 내리기 위해서는
무엇이 진실인지를 아는 것이
가장 중요하다**

무엇이 진실인지 안다는 것은 현실이 어떻게 돌아가는지를 안다는 의미이다. 성공하기 위해 지켜야 하는 자연의 법칙을 만든 것은 사람이 아니다. 하지만 자연의 법칙을 깨닫는다면, 우리는 목표를 달성하기 위해 이것을 활용할 수 있다.

이 사실이 나를 극사실주의자로 만들었다. 극사실주의자는 현실을 있는 그대로 받아들이고 현실과 함께 살아가는 사람이다. 현실이 지금과 다르면 좋겠다고 바라거나 현실이 맘에 들지 않는다며 불평하는 사람들이 아니다.

이것이 나를 세 번째 원칙으로 이끌었다.

꿈 + 현실 + 결단력

= 성공적 인생

다시 말해 당신이 당신의 꿈을 성취하는 데 집중하고, 당신에게 영향을 미치는 현실과 그 현실에 잘 대처하는 방법을 바로 이해하며 결단력을 가지고 대응한다면, 당신은 성공적인 인생을 살아가는 원칙을 배우게 될 것이다.

그렇다면 무엇이 성공적인 인생일까?

우리는 스스로 성공적인 인생이 어떤 것인지를 결정해
야 한다. 나는 당신이 크게 성공한 기업가가 되고 싶다
거나, 야자수 아래에서 여유롭게 살고 싶거나, 그 밖에
다른 어떤 것을 하고 싶어 하는지 알고 싶지 않다. 정말
로 관심이 없다.

당신이 무엇을 원할지는 오로지 당신 몫이다. 나는 단지
당신이 행복하고 건강하기를 바라고 긍정적인 방향으로
크게 발전하기를 원한다.

하지만 어떤 길을 선택하든 당신은 현실을 수용해야한다.

특히 사실이 아니었으면 좋겠다고 생각하는 현실까지도 받아들여야 한다.

처음에는 나도 나의 약점, 실수, 문제들이 큰 고통으로 다가왔다. 내게는 그런 문제나 단점들이 없기를 바랐기 때문이다.

하지만 시간이 흐른 후, 나는 이런 고통들이 현실에 대처하는 방법에 관해 깊이 생각하라는 신호임을 알게 되었다.

약점

그리고 나는
'고통+성찰＝발전'이라는 공식을 배웠다.

고통
+
성찰
=
발전

이런 사실을 발견함으로써 나는 다음과 같은 5단계를 실천하면 성공할 수 있다는 것을 알게 되었다.

목표

당신의 목표를 알고 그 목표를 추구하는 단계다. 당신은 원하는 것을 대부분 가질 수 있지만 그렇다고 원하는 모든 것을 성취할 수는 없다. 그래서 당신이 원하는 것들에 대한 우선순위를 결정해야만 한다. 당신에게 무엇이 최선인지는 당신의 열정, 당신의 장점과 약점에 따라 다르다. 따라서 당신은 자신을 정말로 잘 이해해야 하고, 당신의 목표를 당신이 결정할 인생의 방향이나 경로와 일치시키는 방법을 알고 있어야 한다. 언제나 당신이 선택할 수 있는 훌륭한 방법은 있게 마련이다. 당신은 깊이 성찰하고, 시행착오를 통해 교훈을 배우거나, 목표를 향해 끝까지 밀고 나가는 결단력을 통해 이런 방법을 찾아야 한다.

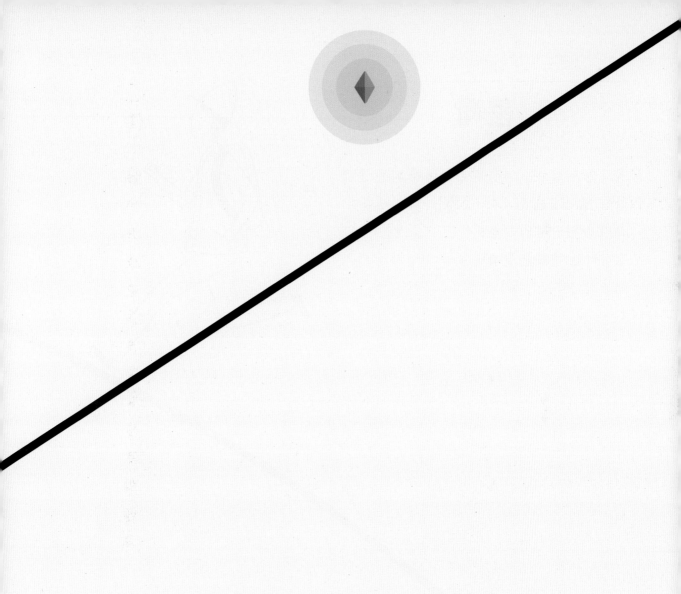

문제

목표를 달성하는 과정에서 방해가 되는 문제들을 찾아내는 단계다. 문제는 늘 발생한다. 그리고 일반적으로 문제들은 고통스럽다. 발전하려면 문제를 찾아낸 다음 안일하게 넘겨서는 안 된다.

진단

근본적인 원인을 찾아내기 위해 이런 문제들을 진단하는 단계다. 때때로 당신이나 다른 사람들의 약점이 문제의 원인이 되는 경우가 있으므로, 이 가능성도 고려해야만 한다.

당신은 이런 발전 과정을 통해 자신이 잘하지 못하는 것이 무엇인지 그리고 무엇을 바꾸어야 하는지를 배우게 된다. 그리고 그것이 무엇이든 당신은 문제점을 알아내고 극복해야만 한다.

계획

당신의 발전을 가로막고 있는 문제를 극복하기 위한 계획을 세우는 단계다.

실행

앞선 계획을 실행하기 위해 스스로를 채찍질
하면서 필요한 일들을 해나가는 단계다.

성공적인 인생은 이 5단계를 계속해서 반복하는 과정이다. 5단계 과정을 열심히 수행하다 보면 자연히 각종 우여곡절을 만나게 되고, 당신은 이를 해결하는 과정을 통해 더 높은 수준의 성공을 가능하게 하는 개인적 발전을 경험하게 될 것이다. 나에게 있어 발전은 아래 그림과 같은 모습이다.

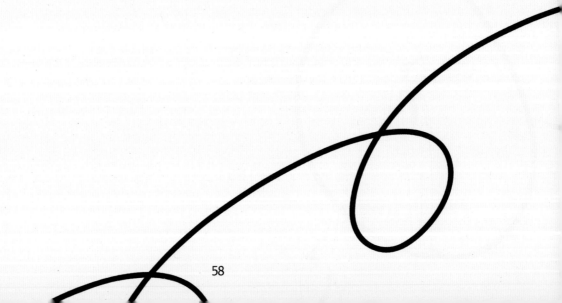

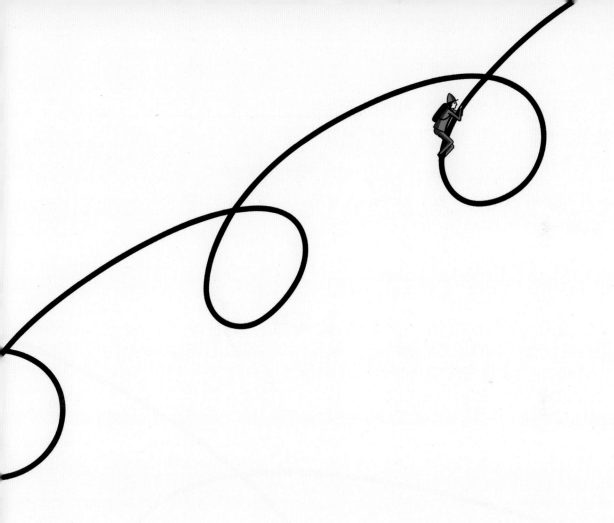

5단계는 어디에서나 볼 수 있다.

상품, 조직 또는 당신이 아는 어떤 누군가의
발전 과정에도 해당한다. 이것은 단지 자연의
법칙일 뿐이다.

단순히 말하면 발전이란 적응하거나 도태되
는 과정이다.

1.목표

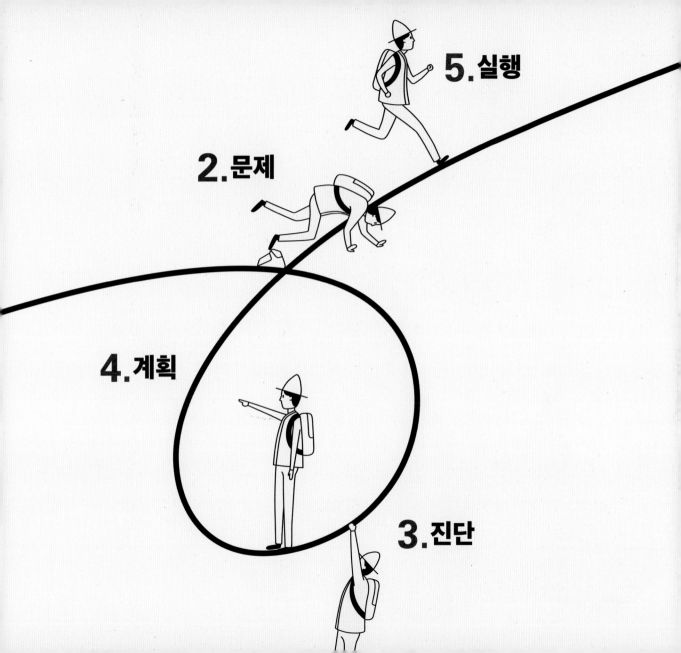

5. 실행

2. 문제

4. 계획

3. 진단

이런 과정을 경험하면서 당신은 더 높은 수준의 성공에 도달하게 될 것이다. 그리고 높은 수준의 성공은 더 큰 도전을 불러온다.

고도가 높아질수록
그만큼 추락도 고통스러워진다.

우리 모두에게는 언제고 끔찍한 일들이 벌어진다. 이런 일들을
어떻게 대처하는가에 따라 우리는 파멸할 수도 있고, 크게 성공
할 수도 있다.

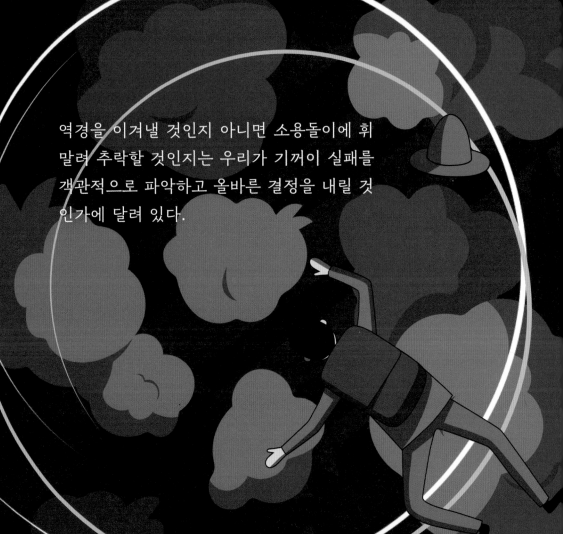

역경을 이겨낼 것인지 아니면 소용돌이에 휘말려 추락할 것인지는 우리가 기꺼이 실패를 객관적으로 파악하고 올바른 결정을 내릴 것인가에 달려 있다.

1982년에 나는 대공황이 올 것이라는 데 모든 것을 걸었고 예측이 빗나가면서 모든 것을 잃었다.

당시 주식 시장은 크게 요동쳤고 나는 세계 경제와 연결된 미국 경제도 위기에 직면할 것이라고 믿었다. 이것은 매우 큰 논란을 불러일으킨 주장이었다.

나는 공개적으로 큰 위험을 감수했지만 나의 예측은 완전히 빗나갔다. 미국의 경제는 역사상 가장 큰 성장을 기록했다.

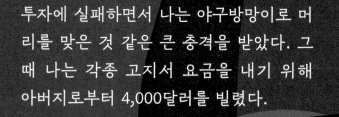

투자에 실패하면서 나는 야구방망이로 머리를 맞은 것 같은 큰 충격을 받았다. 그때 나는 각종 고지서 요금을 내기 위해 아버지로부터 4,000달러를 빌렸다.

하지만 더욱 안타까운 일은 직원들을 해고하는 일이었다. 우리 회사의 직원이라고는 달랑 나 혼자만 남게 되었다. 나는 무엇을 해야 할지 잘 몰랐다.

넥타이를 매고 평범한 직장인으로 살면서
자수성가하고 싶은 나의 꿈을 포기해야 하는 것일까?

예측이 완전히 빗나가는 것은 — 그것도 공개적으로 —
고통스러울 정도로 망신스러운 일이었다.

한 번의 잘못된 투자로 인해 그동안 내가 쌓아 올린 훌륭한 경력은 모두 사라졌다. 그리고 나는 감당할 수 없는 위험 없이 내가 원하는 보상을 얻는 방법을 찾을 수 없었다.

보상

위험

당신에게도 이와 유사한 일이 발생할
것이다. 당신이 매우 귀중하게 생각하
는 어떤 것을 잃어버리게 될 수도 있
고, 끔찍한 병이나 부상을 당할 수도
있다. 아니면 당신이 쌓아온 경력이
당신의 눈앞에서 무너지는 것을 볼지
도 모른다. 당신은 인생이 완전히 망
가지고 더 이상 앞으로 나갈 곳이 없
다고 생각할 수도 있다.

하지만 그것도 지나갈 것이다.

언제나 최선의 방법은 있게 마련이다. 다만 당신이 아직 발견하지 못했을 뿐이다.

당신은 냉정함을 유지하면서 그 방법을 찾기 위해 끊임없이 성찰해야 한다.

그리고 당신 앞에 놓인 현실을 받아들이고 잘 대응해야 한다.

나는 고통을 통해 세상이 어떻게 돌아가는지 성찰했고
더 넓은 시야에서 사물을 볼 수 있게 되었다.

모든 것에는 그런 일이 발생하게 만드는 원인이 있다.
세상에서 발생하는 모든 일은 다른 일의 원인이 되고
그래서 현실은 영원히 멈추지 않고 움직이는 기계처럼
작동하는 것이다.

이것이 진실이다.

우주대폭발(Bing Bang)이 일어나며 모든 법칙과 힘이 탄생했고, 이 안에 있던 모든 조각과 조각들은 잠깐 작동하는 기계 장치로 만들어졌다가 해체되고, 또다시 새로운 장치로 만들어지면서 영원한 상호작용을 하고 있다.

은하계의 구조와 진화, 태양계의 형성,
지구의 형성 과정과 생태계 등

모든 것이 이런 기계 장치와 같다.

우리의 경제, 시장,

그리고 우리 모두가
이런 기계 장치에 속한다.

우리는 순환계, 신경계 등으로 구성되어 생각,
꿈, 감정 그리고 다른 모든 것들을 만들어 내는
기계 장치이다.

모든 기계 장치들이 함께 진화하면서 우리가 매일 마주치는 현실을 만들어 낸다.

매우 철학적으로 들릴 지도 모르지만 나는 이런 생각이 무척 실용적이라는 사실을 발견했다. 사물을 더 넓은 시야에서 보게 만들고 내가 더 좋은 방식으로 현실에 대처할 수 있도록 도와주기 때문이다.

나는 모든 일들이 조금씩 다른 방식으로 반복되어 일어난다는 사실을 발견했다. 이때 하루처럼 짧은 주기로 발생하는 일들은 비교적 이해하기가 쉽다.

하지만 우리가 살아 있는 동안에는 일어나지 않았던 일들, 예를 들면 100년에 한 번 발생하는 폭풍과 같은 것이 발생했을 때 우리는 큰 충격을 받는다.

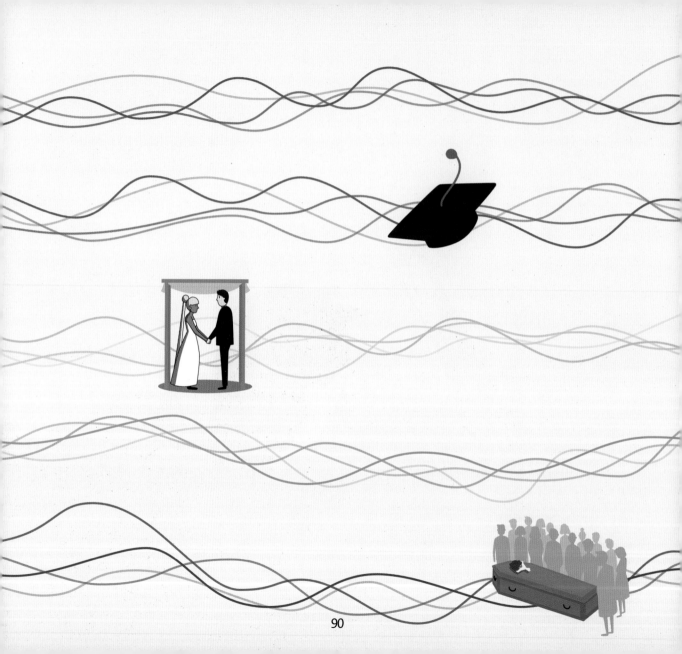

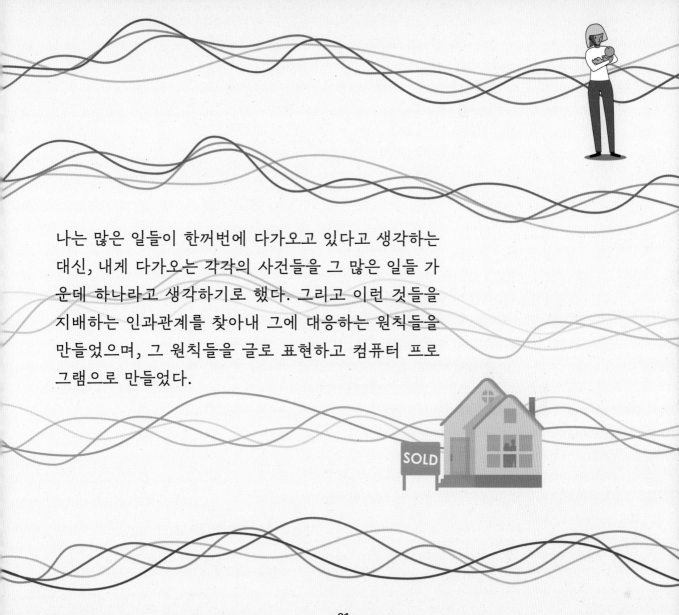

나는 많은 일들이 한꺼번에 다가오고 있다고 생각하는
대신, 내게 다가오는 각각의 사건들을 그 많은 일들 가
운데 하나라고 생각하기로 했다. 그리고 이런 것들을
지배하는 인과관계를 찾아내 그에 대응하는 원칙들을
만들었으며, 그 원칙들을 글로 표현하고 컴퓨터 프로
그램으로 만들었다.

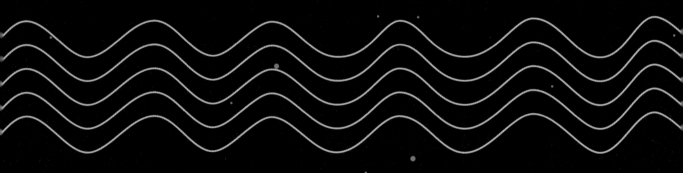

나는 사람들이 최근에 일어났던 일에만 관심이 있고, 오랫동안 일어나지 않았던 일들, 특히 그들에게 일어난 적이 없는 일들은 간과하고 있다는 사실을 발견했다.

하지만 그런 일들도 언젠가 발생할 것이다.

그리고 위험과 보상 사이에 균형을 유지하는 어려운 문제에 관해 생각하면서 위험과 보상은 기본적으로 함께 한다는 사실 역시 깨달았다.

더 많은 위험을 감수할수록 더 많은 것을 얻을 수 있다. 따라서 최고의 인생을 살아가려면 위험과 보상 사이에 적절한 균형을 유지 하는 방법을 알아야 한다.

당신이 다음과 같은 선택에 직면해 있다고 상상해보라.

지금 있는 곳에 그대로 있으면 당신은 안전하고 평범한 삶을 살 수 있다. 그런데 위험한 정글을 무사히 건너가면 매우 멋진 삶을 살 수 있다.

당신은 어떤 선택을 할 것인가?

나는 어떤 선택이 당신에게 최선인지 알려줄 수 없다. 우리는 각자 스스로 결정해야 한다. 내 경우에는 가능한 최고의 인생을 살고 싶었고 그래서 커다란 보상을 얻기 위해 커다란 위험을 성공적으로 헤쳐나가는 법을 찾아야만 했다.

정글을 통과하기 위해 나는 혼자 볼 수 있는 것보다 더 많은 것을 볼 수 있어야 했다. 하지만 모든 사람이 부딪치는 가장 큰 두 개의 장애물이 내 앞을 가로막고 있었다.

우리의 '자아'와 '사각지대'라는 장벽

자아는 스스로의 약점을
인정하는 것을 방해한다.

올바르고 싶은 욕망은 무엇이 진실인지
알고 싶은 욕망보다 앞선다. 그래서 우
리는 자신의 의견을 검증하지 않고 옳다
고 믿는다.

우리는 특히 자신의 잘못과 약점을
보고 싶어 하지 않는다. 약점과 실수
에 관해 탐구하는 것을 본능적으로
공격이라고 받아들이는 것이다.

이런 행동은 더 나쁜 결정으로 이어지고 더 많은 것을 배우지 못 하도록 만들며 우리의 잠재력을 발휘하지 못하게 한다.

사각지대는 사람들이 각자 서로 다른
방식으로 사물을 보기 때문에 존재한
다. 어느 누구도 혼자서 주변에 있는
모든 위험과 기회를 볼 수는 없다.

당신이 보지 못하는 것을 볼 수 있는 사람들의
도움을 받는다면, 당신은 혼자 볼 수 있는 것
보다 훨씬 더 많은 것들을 볼 수 있다.

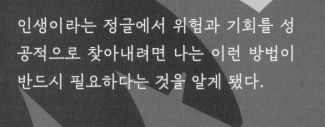

인생이라는 정글에서 위험과 기회를 성
공적으로 찾아내려면 나는 이런 방법이
반드시 필요하다는 것을 알게 됐다.

목표를 달성하기 위해 나는 내가 옳다는 즐거움보다 무엇이 진실인지를 배우는 즐거움을 선택했다.

그래서 나는 나와 의견이 다르고,
아주 사려 깊은 사람들을 찾았다.

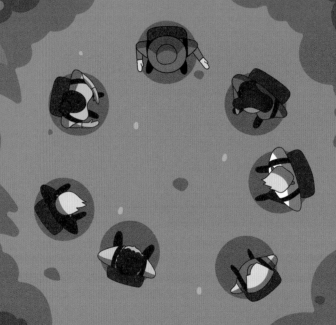

나는 그들의 눈을 통해 사물을 보고, 그들은 나의 눈을 통해 사물을 봤다. 덕분에 우리 모두는 무엇이 진실인지 찾아내고 그에 대응하는 방법을 발견할 수 있었다. 그리고 나는 그들 사이에서 '사려 깊은 반대의 기술'도 배우고 싶었다.

단지 나만의 시각으로 사물을 보다가 이
런 사려 깊은 사람들의 시각으로 사물을
보는 것은 마치 흑백으로 사물을 보다

컬러로 사물을 보는 것과 같았다.

세상이 환하게 빛났다.

바로 그 순간, 나는 인생이라는 정글을 헤쳐나가는 가장 좋은 방법은 나와 다른 시각으로 사물을 보는 통찰력 있는 사람들과 함께 하는 것이라는 사실을 깨달았다.

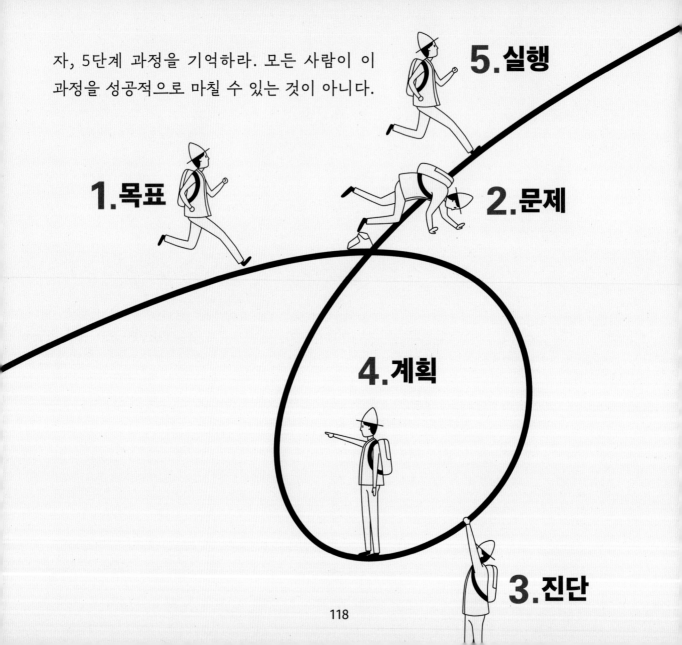

자, 5단계 과정을 기억하라. 모든 사람이 이 과정을 성공적으로 마칠 수 있는 것이 아니다.

5.실행

1.목표

2.문제

4.계획

3.진단

하지만 당신은 당신이 볼 수 없고 할 수 없는 것들을
다른 사람들에게 도움받을 수 있다.

당신은 자신이 직접 올바른 답을 찾겠다는 집착을 버려야 한다. 그리고 다른 사람들의 의견에 개방적이어야 한다. 이런 개방적 사고는 나의 의사 결정 과정을 크게 발전시켰다.

나는 또 서로에게 근본적으로 진실하고 극단적으로
투명할 수 있는 사람들과 함께 임무를 수행하는 것
보다 더 좋은 것이 없다는 사실도 배웠다.

근본적인 진실과 극단적인 투명성을 통해 나는 놀랄만한 성공을 거두는 아이디어 성과주의 회사를 만들었다. 아이디어 성과주의는 모든 사람으로부터 최고의 능력을 이끌어 낼 수 있다.

또한, 아이디어 성과주의에는 독립적인 사고를 환영하고, 최고의 결과를 위해 서로의 견해 차이를 극복하는 효율적인 과정이다.

나는 다른 성공한 사람들과 만났을 때 그들의
인생도 나와 비슷하다는 사실을 발견했다.

성공한 사람들은 모두 어려움을 극복해왔고,
그들이 보지 못하는 위험과 기회를 보는 사
람들과 함께 일하는 방식으로 자신들의 약
점을 극복한다.

성공을 위한 노력은 당신을 고통의 나락
으로 떨어트릴 것이다. 그리고 좌절은 당
신을 시험에 들게 한다.

실패와 절망은 사람들을 선별한다.

어떤 사람들은 무엇이 이런 좌절과 실패를 불러왔는지를 깊이 생각하고 귀중한 교훈을 얻는다.

반면 어떤 사람들은 자신에게 어울리지 않는 일이라 생각하고 도망친다.

시간이 지나면서 나는 훨씬 더 놀라운 사
실을 발견했다. 성공은 목표를 달성하고 못
하고의 문제가 아니었다.

우리가 성취하려고 그렇게 노력했던 것들은 단지 미끼에 불과했다. 좋아하는 사람들과 함께 목표를 성취하려는 노력 자체가 개인의 발전과 의미 있는 관계를 가져다준다. 그리고 이것이 우리가 받게 되는 진정한 보상이다.

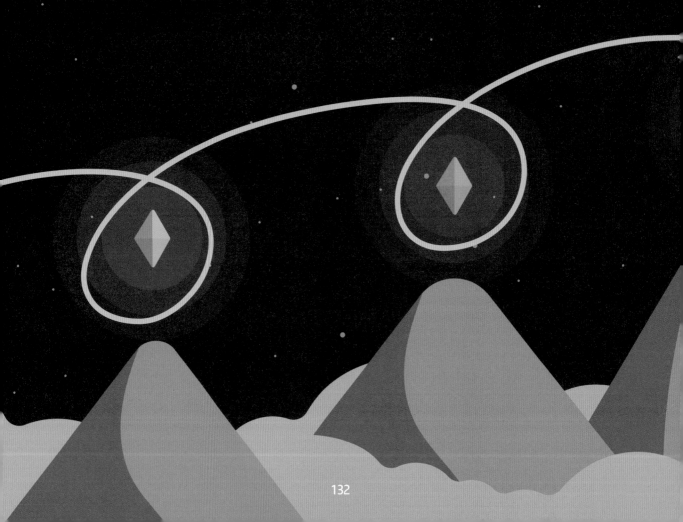

나는 더 이상 보상을 얻기 위해
정글의 반대편으로 가고 싶지 않
았다. 대신 정글에 머물면서 내가
좋아하는 사람들과 성공하기 위해
치열하게 노력하고 싶었다.

시간이 지나면서 임무를 성공적으로 끝내는 것과 다른 사람들의 행복이 내 자신의 성공보다 더 중요해졌다.

그리고 나는 내 인생의 원호(arc)와 내 인
생 너머의 사람들에 대해 생각하기 시작
했다. 이런 행동은 내가 다른 사람들이
나보다 더 성공하기를 바라게 만들었다.

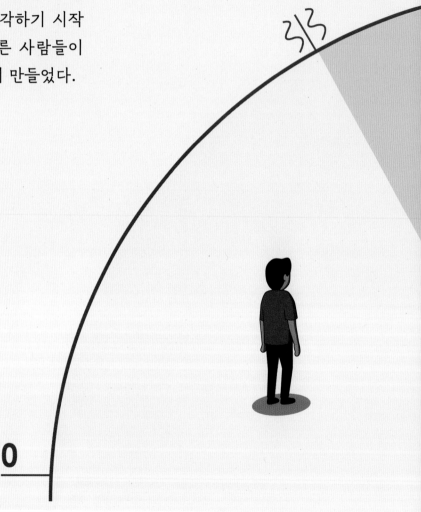

0

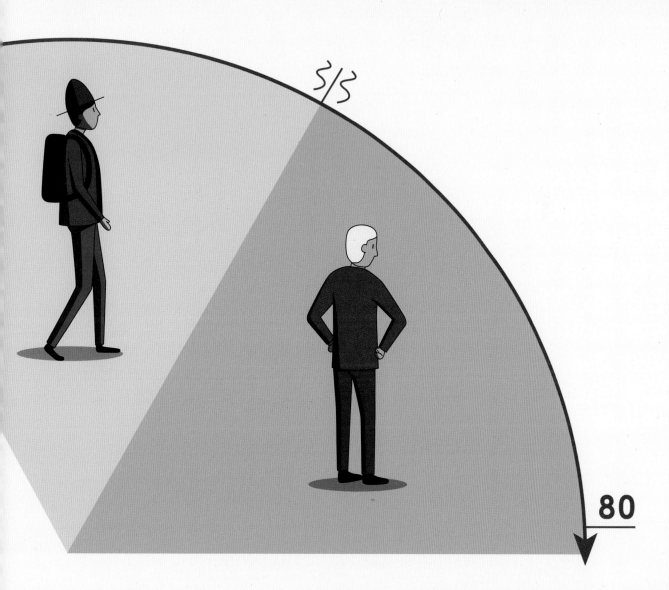

이것이 현재 내가 속한 인생의 단계고, 성공을 위한 원칙들을 당신에게 전해주는 이유다.

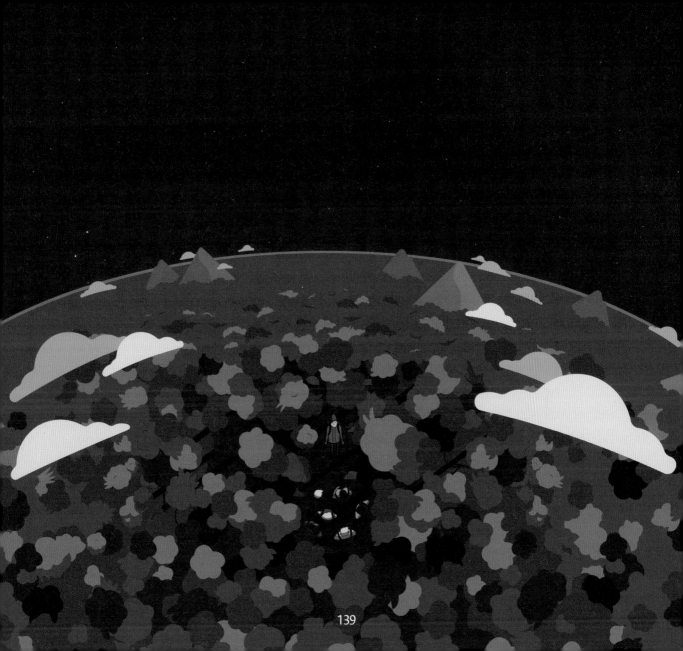

내 인생을 돌이켜보니 우리는 모두 더 큰 진
화 과정의 일부가 될 때까지 인생의 다양한
시점에서 다양한 일들과 계속 투쟁하고 있다
는 사실을 알게 됐다.

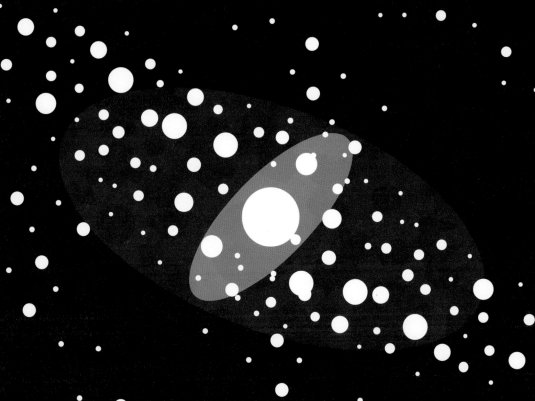

모든 기계 장치들은 언젠가 고장이 나고 그 부품들은 새로운 기계 장치의 부품이 돼 다시 시스템의 일부로 되돌아간다.

우리는 기계 장치에 애착을 가지게 되었기 때문에 이것이 우리를 가끔씩 슬프게 만든다. 하지만 더 높은 수준에서 내려다보면 진화라는 기계 장치가 어떻게 작동하는지를 관찰하는 것은 매우 아름다운 일이다.

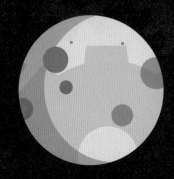

이 시점에서 나는 당신과 모험으로 가득한 당신의 인
생이 정말 궁금하다. 내가 지금까지 설명한 이런 원칙
들이 어디에서 어떻게 만들어졌는지에 관해서는 잊어
라. 단지 나의 원칙들이 당신에게 도움이 되는지 스스
로에게 물어보고 당신의 필요에 맞게 개선하고 발전시
켜라. 그리고 반드시 당신만의 원칙을 찾고, 기록하고,
당신과 더불어 발전시켜 나가라.

당신이 무엇을 할 것인지를 결정하는 데 도움이 되고 그 결정을 실행하는 용기를 줄 수 있는, 자신만의 훌륭한 원칙을 가지고 살아가는 것이 내가 당신에게 바라는 유일한 바람이다.

건투를. 빈다.

원칙을 탐구하는 데 도움이 되는 자료

당신만의 원칙을 찾기 위한 체크리스트

당신의 원칙 만들기_____

- 훌륭한 원칙을 가지고 있는 것이 중요하다고 생각하는가?
- 어디서부터, 무엇을 근거로 당신의 원칙을 만들 것인가?
- 원칙을 기록하며 시간을 가지고 깊이 생각해 보는 것이 좋다고 생각하는가?
- 당신이 그렇게 할 것이라고 생각하는가?

현실을 이해하고 수용하기_____

- 원하는 대로가 아니라 있는 그대로 현실을 받아들이는 것을 얼마나 잘하는가?
- 거의 모든 일들이 비슷한 원인에 의해 반복적으로 일어난다는 사실에 동의하는가?
- 이처럼 반복적으로 일어나는 일과 이에 관한 다른 사람들의 생각을 깊이 성찰함으로써 현실에 대처

하는 원칙들을 배울 수 있다고 믿는가?
- 그리고 현실에 대응하는 원칙들이 당신을 더욱 성공하게 만들 것이라고 믿는가?

두 개의 가장 큰 장벽을 극복하기_____

- 진실을 발견하는 것과 정답을 찾는 것에 얼마나 애착을 가지고 있는가?
- '사려 깊은 반대'가 최선의 답을 찾는 과정에서 얼마나 실질적인 도움이 될 것이라고 생각하는가?
- '사려 깊은 반대'를 실천해 볼 생각이 있는가?
- 가능한 최고의 사고방식을 활용하기 위해 다른 사람들의 관점을 통해 사물을 보는 일을 얼마나 잘하고 있는가?
- 인생에서 전력을 다해 노력하는 방법을 배우고 싶은가?

레이 달리오의 다른 원칙

- 당신이 충분히 개방적으로 사고하고 결단력 있게 행동한다면 원하는 것은 거의 모두 성취할 수 있다.

- 훌륭하게 보이려고 지나치게 걱정할 필요 없다. 당신의 목표를 달성하는 일을 염려해야 한다.

- **고통 + 성찰 = 발전**

- 꿈 + 현실 수용 + 결단력 = 성공한 인생

- 의미 있는 일과 의미 있는 관계는 가장 훌륭한 자산이자 가장 훌륭한 보상이다.

- 실수를 해도 괜찮지만 실수에서 배우지 못하는 것은 용납되지 않는 문화를 만들어라.

- **당신의 자아와 사각지대가 방해가 되지 않도록 하라.**

- 개방적인 사고를 하는 동시에 자신의 생각을 주장하라.

- 결과에 대해 책임을 져라.

- 언제나 좋은 방법은 있다. 당신이 다른 좋은 방법들을 찾지 못하면 다른 사람들의 도움을 받아 좋은 방식으로 계속해서 해결책을 찾아야 한다.

- 당신의 생각에 반대하는 가장 신뢰할 수 있는 사람을 찾아라. 그리고 그들의 논리와 사고방식을 이해하려고 노력하라.

- **성공하기 위해 5단계 과정을 실천하라.**
  1) **당신의 목표를 파악하라.**
  2) **당신의 문제를 찾아내고 그것들을 묵인하지 마라.**
  3) **문제를 진단하고 근본 원인을 찾아라.**
  4) **문제를 극복할 계획을 세워라.**
  5) **계획을 실행에 옮겨라.**

- 당신이 취약한 분야에 강점을 가진 사람들의 도움을 받아 앞선 5단계 과정을 계속해서 반복한다면 성공이라는 목표를 달성하게 될 것이다.

- 당신은 원하는 거의 모든 것을 달성할 수 있지만 원하는 모든 것을 얻을 수 는 없다. 그래서 우선순위를 잘 결정해야 한다.

- 모든 사람에게는 약점뿐만 아니라 장점이 있다.

- 대부분의 사람들이 저지르는 가장 큰 실수는 자기 자신과 다른 사람들을 객관적으로 보지 못하는 것이다. 객관적인 시각을 통해 사람들은 자신과 다른 사람의 약점과 지속적으로 마주치게 된다.

- 1) 당신이 약한 분야에 강한 사람들과 함께 잘 협력하거나 2) 당신이 잘 못하는 것을 더 잘 할 수 있도록 만드는 방법을 통해 방해가 되는 약점을 극복하라. 일반적으로 첫 번째 방법이 가장 좋다.

- **사람들은 서로 다른 방식으로 생각한다는 사실을 이해하라. 그래서 당신과 다른 방식으로 사물을 보는 똑똑한 사람들의 눈을 통해 사물을 보는 것이 현명하다.**

- 서로에 대한 배려와 관용을 갖춘 협업이 돈보다 훨씬 더 좋은 보상이라는 것을 기억하라.

- 당신 자신과 당신이 아끼는 사람들을 보살피기에 충분한 수준까지의 돈은 매우 중요하다. 그리고 당신에게 필요한 돈의 양은 당신이 필요하다고 생각하는 것보다 훨씬 더 많다. 왜냐하면 당신은 당신의 욕구를 과소평가하고 앞으로 얻게 될 것들을 과대평가하기 때문이다. 그래서 치밀하게 계산하고 당신이 추정한 금액보다 두 배로 높게 잡아라.

- 당신의 일과 열정을 동일한 것으로 만들어라. 그리고 당신이 함께 하고 싶은 사람들과 그 일을 하라.

- 타협할 수 없는 것과 타협하면서 성공을 기대할 수는 없다.

- **근본적으로 진실하고 극단적으로 투명해져라.**

- 다른 사람과 공유하기 어려운 것들을 공유하라.

- 직접적으로 말하지 않을 누군가에 관해서는 아무 것도 말하지 말라. 그리고 면전에서 직접 비난하지 않을 것이라면 그 사람들을 판단하지 마라.

- 대부분은 자신의 이익을 위해 일하면서 당신의 이익을 위해 일하는 척 한다는 사실을 기억하라.

- **발전하지 못하면 도태된다.**

- 상황을 넓은 시야에서 보고 미래에 잘 대처하기 위해 당신과 당신이 아끼는 사람들이 인생의 원호 어느 지점에 있는지 이해하라.

당신의 인생을 위한 연습

이 연습은 당신과 당신이 아끼고 사랑하는 사람들의 인생을 큰 그림에서 보고 미래에 대한 계획을 세우는 것을 돕기 위한 것이다.

내가 책의 앞부분에서 설명한 것처럼 대부분의 일들은 거의 동일한 이유로 계속해서 반복적으로 일어난다. 그래서 어떤 것을 이해하려면 일반적인 사례가 어떻게 전개되는지 알아보고, 그런 방식으로 진행되는 인과관계를 관찰하는 것이 도움이 된다. 이번 연습을 통해 나는 여러분들에게 전형적인 인생의 여정을 살펴보고 자신의 지나온 인생과 앞으로는 어떤 일이 벌어질 것인가에 관해 생각해 보라고 할 것이다.

다음 페이지에는 일반적인 인생 원호(life arc)가 그려져 있다. 인생 원호는 태어나서 죽을 때까지의 연대기이다. 방향을 설정하기 위해 당신이 인생 원호에 어느 위치에 있는지를 추정해 보라. 인생 자체가 명확하지

않기 때문에 위치를 정확하게 추정할 필요는 없다. 모든 인생 여정이 똑같지 않지만 상당 부분은 비슷하다. 인생이라는 여정은 대략 80년 정도 지속되고 세 단계로 발전한다. 그리고 각각의 단계 사이에는 5년에서 10년 정도에 걸친 두 번의 과도기가 있다.

첫 번째 단계는 당신이 배우고 남들에게 의존하는 단계이다. 두 번째 단계에서 당신은 일을 하고 다른 사람들이 당신에게 의존하게 된다. 당신이 성공하기 위해 최선을 다해야하는 시기가 두 번째 단계이다. 세 번째 단계에서 당신은 당신이 아끼는 사람들이 당신 없이도 자신이 성공하고 싶었던 것보다 더 성공할 수 있도록 도와주고 싶어 한다. 다른 사람의 도움 없이 독립적으로 성공하는 것이 그들의 두 번째 인생 단계에서 가장 좋고, 당신이 걱정과 의무에서 자유로워지는 것이 세번째 인생단계에서 당신에

게 최선이기 때문이다.

다음 페이지에서 우리는 이 세 가지 단계에 대해 더욱 자세하게 알아볼 것이다. 그리고 나는 당신들에게 미래에 대해 상상해 보라고 할 것이다. 이 세 단계를 살펴보는 과정에서 당신 자신의 경험, 특히 중요한 선택의 갈림길에서의 경험들이 일반적인 사람에게 일어나는 일과 어떤 차이가 있는지 살펴보라. 당신이 고등학교까지만 다닐 것인지, 아니면 대학을 졸업할 것인지 또는 어떤 직업을 선택할 것인지, 자식을 키울 것인지 아닌지 등 그 당시 선택들이 당신이 살게 될 미래의 삶에 중요한 영향을 미칠 것이기 때문이다.

첫 번째 단계

첫 번째 단계에서 당신은 인생의 두 번째 단계를 위해 준비하도록 도와주는 사람들에게 의존한다. 첫 번째 단계를 어떻게 보내는가가 당신의 취향과 성격 형성에 큰 영향을 미치고, 당신의 기본적인 능력과 기술을 결정하게 될 것이다. 일반적으로 첫 번째 단계 초반부는 당신이 미래에 대비해 열심히 준비해야 하는 첫 번째 단계 후반부의 고등학교 시절보다 수월하다. 고등학교 시절에 당신은 더 많은 독립성을 추구할 것이고, 호르몬의 작용으로 보다 동물적인 매력을 경험하게 될 것이다. 그 결과 고등학교 시절은 당신에게 가장 재미있는 시기가 될 수도, 당신과 당신의 부모님에게 가장 힘든 시기가 될 수도 있다. 그리고 당신은 대학에 진학하거나 아니면 바로 취업을 하면서 인생의 두 번째 단계로 들어서게 된다. 대학에 가게 되면 당신은 더 많은 자유를 얻게 되고 친구들과 재미있는 시간을 보내며 훨씬 더 강한 지적인 자극을 경험하게 될 것이다. 대학 생활 동안에는 교과 과정과 인생의 상당 부분이 이미 계획돼 있기 때문에 당신은 그 계획에 따라 안내를 받게 될 것이다. 교육 과정을 끝마치고 졸업을 한 뒤 직장에 취직하게 될 때 다음 단계가 시작된다. 잠시 시간을 가지고 당신이 지금까지 거쳐 온 사건을 떠올리며 다음 페이지에 있는 네모 칸에 지나온 경험을 표시해 보자.

0

~80

당신의 기록과 성찰

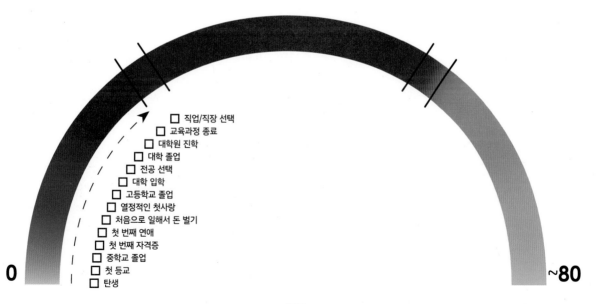

0

~80

□ 직업/직장 선택
□ 교육과정 종료
□ 대학원 진학
□ 대학 졸업
□ 전공 선택
□ 대학 입학
□ 고등학교 졸업
□ 열정적인 첫사랑
□ 처음으로 일해서 돈 벌기
□ 첫 번째 연애
□ 첫 번째 자격증
□ 중학교 졸업
□ 첫 등교
□ 탄생

두 번째 단계

두 번째 단계에서 당신은 성공을 위해 일하게 될 것이고, 다른 사람들이 당신에게 의지할 것이다. 두 번째 단계의 초기에 당신은 안내를 받았던 경로에서 벗어나 자신만의 선택을 할 자유를 갖게 될 것이다. 당신이 선택할 수 있는 범위는 굉장히 넓다. 당신은 원하는 곳 어디든 그곳에서 살 수 있고, 취업할 수 있는 어떤 일이든 할 수 있고, 함께 일하고 싶은 사람과 일할 수 있다. 다시 말하면 당신이 원하는 것 가운데 상당 부분을 실현할 수 있다. 20대 중반은 인생에서 가장 행복한 시기 가운데 하나이다. 사랑을 할 수 있고 평생을 함께하고 싶은 동반자를 찾을 수 있을 것이다. 두 번째 단계로 더 깊숙하게 들어가면서 당신은 직장과 사랑 문제에 있어 더 많은 헌신을 해야 하고 더 많은 책임을 지게 될 것이다. 그래서 당신이 선택할 수 있는 자유가 줄어들고 일과 삶의 균형을 유지하기는 것이 점점 더 어려워진다. 당신은 이혼하게 될 수도 있다. 이런 일들은 대부분 25살에서 40살 사이에 일어난다. 행복한 경험은 아니다. 45세에서 55세 사이는 특히 힘들고 인생에서 가장 행복하지 않은 시절로 알려져 있다. 55세에서 65세 사이 대부분의 사람들은 정규직 일자리를 그만두고 두 번째 단계를 마무리한다.

지금까지 당신이 지나온 길을 이정표에 표시를 해보자.

0

~80

당신의 기록과 성찰

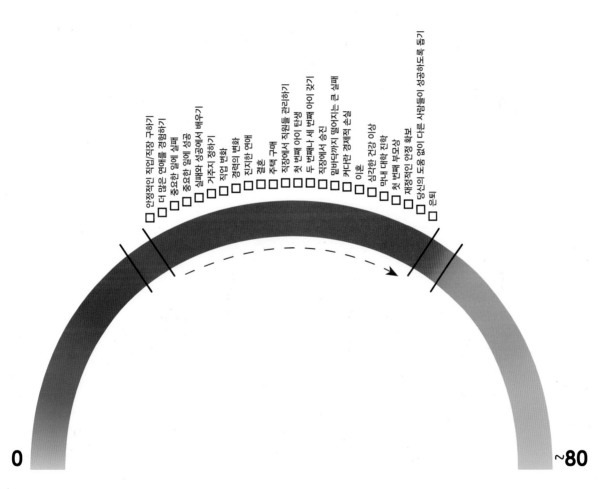

0

~80

세 번째 단계

세 번째 단계에서 당신은 더 많은 자유를 얻게 된다. 직장을 그만두고 양육의 의무에서 벗어나기 때문이다. 그리고 이미 돌아가신 부모님들을 돌볼 필요도 없다. 가족과 친구들과 더 많은 시간을 보내고 좋아하는 취미 활동을 할 수 있는 시간도 충분하다. 일반적으로 이 단계의 초창기나 중간에 손자들이 생기는데 이것은 일반적으로 가장 즐거운 일로 알려져 있다(내가 그런 즐거움을 증명해 줄 수 있다). 여러 조사에 따르면 70대는 인생에서 가장 행복한 시기이다. 물론 세 번째 단계의 후반기에는 친구들을 잃고, 배우자를 잃게 되거나 건강상의 문제들이 생기기 때문에 더욱 힘든 시기가 될 것이다. 나 역시 인생의 마지막 단계의 마지막 부분에서 행복의 수준이 약간 하락하고 있다. 하지만 일반적으로 지혜와 영적 수준이 높은 경우에 인생이 끝날 때까지 행복의 수준은 비교적 높게 유지된다. 이제 당신이 걸어온 길을 마지막으로 남아 있는 이정표에서 확인해보라.

0   ~80

당신의 기록과 성찰

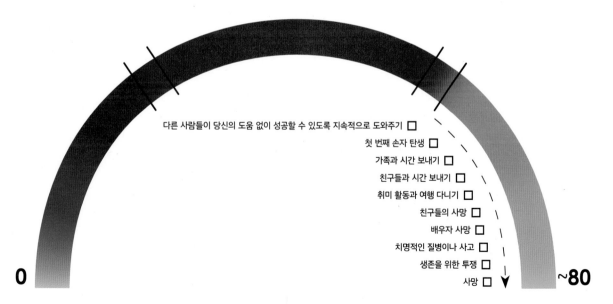

다른 사람들이 당신의 도움 없이 성공할 수 있도록 지속적으로 도와주기 ☐

첫 번째 손자 탄생 ☐

가족과 시간 보내기 ☐

친구들과 시간 보내기 ☐

취미 활동과 여행 다니기 ☐

친구들의 사망 ☐

배우자 사망 ☐

치명적인 질병이나 사고 ☐

생존을 위한 투쟁 ☐

사망 ☐

0

~80

당신의 인생 원호를 계획하기

지금까지 인생의 세 가지 단계에 대해 자세하게 살펴봤다. 이제부터 당신 자신과 당신이 아끼는 사람들을 위해 인생을 넓은 시야에서 생각해 보자. 먼저 다음에 있는 인생의 원호에 현재 당신이 있는 대략적인 위치를 표시하라. 그리고 당신이 좋아하는 사람의 위치를 그들의 인생 원호를 만들어 작게 표시하라. 그리고 표시 옆에 그들의 이름을 적어 누구의 것인지 정하라. 잠깐 시간을 내 당신의 현재 위치와 당신이 좋아하는 사람들이 10년 뒤에 있을 곳, 그리고 지금과 10년 후에 어떤 일이 벌어질 것인지에 대해 상상해 보라. 그들에게 일어날 일들이 당신에게 영향을 미치고 당신에게 발생하는 일들도 당신 자신과 그들에게 영향을 미칠 것이기 때문이다. 예를 들면 10년 후에 당신의 자녀들은 (당신보다 25살에서 40살 정도 젊다면) 분가를 했을 것이고, 당신의 부모님들은 (당신보다 25년에서 40년 정도 더 나이가 많다면) 인생의 마지막 단계에 있거나 돌아가셨을 것이다. 그러는 동안 당신은 직장이나 경력에서 가장 힘든 시기에 접어들고 있을 것이다. 당신과 그들 앞에 어떤 일들이 기다리고 있는지 살펴보는 방법으로 당신은 앞으로 10년을 어떻게 하면 최대한 좋게 만들 수 있을 것인가에 관해 생각해 볼 수 있다. 향후 10년에 대한 계획을 더욱더 구체적으로 그려볼수록 (어떤 것을 위해 얼마나 많은 돈이 필요하고 무엇이 필요한지) 미래의 10년은 그만큼 더 좋아질 것이다.

아직 경험하지 못한 것을 머릿속에 그려보는 일은 상당히 어렵다. 그래서 새로운 도전에 마주칠 때 당신보다 먼저 경험한 사람들에게 그것이 어떤 것이고 그런 도전에 대처하기 위해 어떤 원칙을 가지고 있었는지 물어봐라. 예를 들면 당신이 어떤 직업이나 직장을 선택하려고 한다면 그 분야에서 당신이 존경하는 사람에게 시간에 따른 변화 등을 포함해 그 직업이나 직장이 어떤지에 관해 설명해달라고 부탁하라. 또 당신이 성공하고 싶은 방식으로 당신보다 먼저 성공한 사람들 찾아서 그들의 방법을 알아보고 성공을 이룩하기 위해 그들이 활용한 원칙을 물어봐라. 그리고 아래 도표에 그것들을 기록하라. 적어놓은 것이 너무 많아 도표가 복잡해 보이면 다른 종이에 새로운 인생 원호를 한두 개 더 그려 사용하라(다음 페이지에 여분의 인생 원호가 있다).

시간이 지나면서 당신은 이런 기록과 원칙들을 참고하고 원칙들을 세밀하게 수정하는 일이 얼마나 가치 있는 것인지를 알게 될 것이다. 그리고 당신이 인생의 세 번째 단계로 넘어가면서 사람들이 당신의 도움 없이도 성공하도록 돕고 싶을 때 그들에게 당신의 원칙을 전수해줄 수 있다.

_____ 의 인생 원호

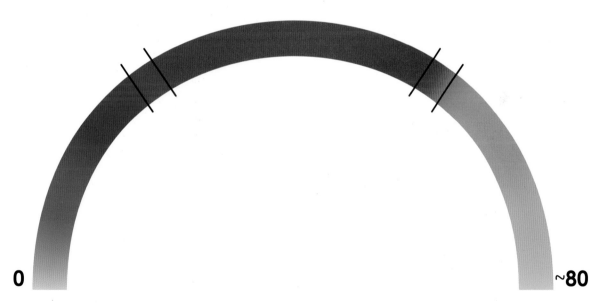

0   ~**80**

_____ 의 인생 원호

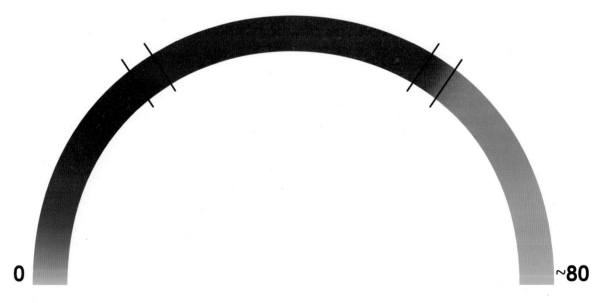

0

~**80**

_____ 의 인생 원호

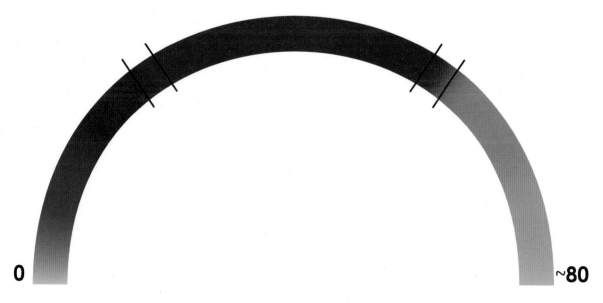

0   ~**80**

《원칙》에 관한 더 많은 정보를 얻을 수 있는 곳

도서 《원칙PRINCIPLES》

레이 달리오의 책 《원칙PRINCIPLES》은 자신만의 독특한 원칙들을 설명하고 있다. 이 책은 전 세계적으로 2백만 권 이상 판매됐다.

성공을 위한 원칙: 초간단 유튜브 동영상

《원칙》의 핵심을 정리해 만든 동영상으로 총 1,000만 건 이상의 조회 수를 기록했다. 유튜브에서 'Principles for Success'를 검색하라.

소셜 미디어

페이스북, 인스타그램, 트위터 그리고 링크트인에서 @raydalio를 팔로우 하라. 레이 달리오는 소셜미디어를 통해 자신의 원칙에 대한 질문들에 대해 정기적으로 답변을 하고 있다.

스마트폰 앱으로 보는 원칙

'Principles In Action'이라는 스마트폰 앱은 《원칙》책의 전체 원문과 실제 생활 속 원칙을 보여주는 사례, 그리고 당신만의 원칙을 만드는 도구들로 구성되어 있다. 미국과 전 세계의 애플 앱스토어에서 구매할 수 있고 안드로이드 버전도 출시되었다.

경제 원칙 사이트

경제와 시장에 관심이 있다면 www.economicprinciples.org를 방문해 보라. 최근의 저서 《레이 달리오의 금융위기 템플릿》을 포함한 레이 달리오의 글들을 무료로 읽고 다운로드 받을 수 있다.

아니면 www.principles.com을 방문해 원칙과 관련된 모든 것을 찾아 볼 수 있다.

일과 삶의 원칙을 담은
21세기 경영 바이블

반복되는 경제 위기 패턴을 정확하게 분석하고 정리한

금융 위기 대비 지침서